Mamá la alcaldesa

por Marianne Lenihan

Scott Foresman
is an imprint of

Glenview, Illinois • Boston, Massachusetts • Chandler, Arizona
Upper Saddle River, New Jersey

ISBN 13: 978-0-328-53315-2
ISBN 10:   0-328-53315-7

1 2 3 4 5 6 7 8 9 10 V0G1 18 17 16 15 14 13 12 11 10 09

Querido Carlos:

Mi mamá es la nueva alcaldesa de nuestra ciudad. Aquí te mando unas fotos. Te quiero explicar su trabajo.

Aquí puedes ver a mamá en el trabajo. Empieza a trabajar a las ocho en punto.

Tiene muchas cosas que hacer a diario.
Cada mañana mamá revisa su agenda
para saber lo que tiene que hacer y a qué
hora. Esta semana se reunirá con estas
personas. El trabajo de mamá es difícil.

Una de las primeras reuniones de mamá es a las nueve en punto, en el centro social de la comunidad. Mira esta foto del centro. Mamá dice que los ciudadanos quieren buscarle un mejor uso al centro social. Yo creo que deberían hacer más actividades para los niños pequeños.

Éste es el parque nuevo. Un niño le escribió una carta a mi mamá para pedirle que hicieran un parque en un terreno vacío. Así los niños pueden jugar allí. Sería un buen uso para el terreno. Mi mamá se reunió con otros líderes de la comunidad. Decidieron que un nuevo parque era una buena idea. Mamá dice que el niño es un buen ciudadano porque se preocupa por su comunidad.

A:
Oficina de la alcaldesa
Calle principal 1
Pequeña ciudad
EE.UU.

Estimada alcaldesa Martínez:

Mírame en esta foto durante el almuerzo. Mamá vino a mi escuela para hablar de su trabajo. Nos explicó cómo se hace una ley. Le hicimos muchas preguntas. Cuando me tocó a mí, recordé que tenía que decirle "alcaldesa Martínez" y no "mamá". Ella almorzó con mi clase ese día.

Esta foto es del festival del año pasado. ¿Te acuerdas cuánto nos divertimos? En la foto verás dueños de negocios que quieren ayudar a organizar el festival de este año. Espero que puedas venir al festival este año también.

A las cuatro en punto mamá está todavía ocupada con su trabajo. Todo el mundo dice que ella es una buena líder. Yo estoy de acuerdo, pero creo que es mejor mamá. Espero que te gusten las fotos. Escríbeme pronto.

Tu amigo,
Ramón Martínez

¡Inténtalo!

Alcalde por un día

Si fueras el alcalde o la alcaldesa de tu pueblo o ciudad por un día, ¿qué harías? Quizás quieras hacer algunas cosas como la alcaldesa Martínez. También puedes hacer cosas diferentes.

Copia esta agenda en una hoja
y organiza tu día como alcalde.

Fecha _____.

Éste es el programa para hoy:

9 en punto _____

_____

11 en punto *Hablar con una clase de primer*

grado _____

1 en punto _____

_____

3 en punto _____

_____

5 en punto _____

_____

11